REVUE TRIMESTRIELLE

DE

DROIT CIVIL

COMITÉ DE DIRECTION :

A. ESMEIN
Membre de l'Institut
Professeur à la Faculté de droit
de l'Université de Paris ;

CH. MASSIGLI
Professeur à la Faculté de droit
de l'Université de Paris ;

R. SALEILLES
Professeur à la Faculté de droit
de l'Université de Paris ;

ALBERT WAHL
Doyen de la Faculté de droit
de l'Université de Lille.

EXTRAIT

DU RECOURS
SOIT DE L'ASSUREUR, SOIT DE L'ASSURÉ
contre le tiers qui, par sa faute,
a amené la réalisation
du risque prévu au contrat d'assurance
Par M. Henri CAPITANT

ABONNEMENT ANNUEL :
France, **20** francs ; Étranger, **22** francs

LIBRAIRIE
DE LA SOCIÉTÉ DU RECUEIL GÉNÉRAL DES LOIS & DES ARRÊTS
FONDÉ PAR J.-B. SIREY, ET DU JOURNAL DU PALAIS
Ancienne Maison L. LAROSE et FORCEL
22, rue Soufflot, PARIS, 5e Arrond.
L. LAROSE & L. TENIN, Directeurs

DU RECOURS

SOIT DE L'ASSUREUR, SOIT DE L'ASSURÉ

contre le tiers qui, par sa faute, a amené la réalisation du risque prévu au contrat d'assurance

Par M. Henri Capitant,

Professeur de droit civil à l'Université de Grenoble.

Lorsqu'une Compagnie d'assurances est obligée, à la suite d'une faute commise par un tiers à l'encontre de l'assuré, de payer à ce dernier ou à ses représentants soit une indemnité correspondant au préjudice subi, soit le capital même stipulé dans la police, peut-elle exercer un recours contre le tiers et lui demander le remboursement de ce qu'elle a versé à l'assuré ?

Cette question est ancienne, on peut dire qu'elle s'est posée dès le jour où le contrat d'assurance a été pratiqué. Les tribunaux ont été bien souvent appelés à la trancher. Elle paraissait même être définitivement résolue, car la jurisprudence et la doctrine s'accordaient à dire que l'assureur avait le droit de se faire rembourser par le tiers, et que, d'autre part, l'assuré ne pouvait rien réclamer à ce dernier, parce qu'il était indemnisé des conséquences de l'acte dommageable par l'effet du contrat. Mais, avec le développement des assurances sur la vie et des assurances contre les accidents, l'attention a été, de nouveau, appelée sur cette difficulté ; et un examen plus approfondi des rapports des intéressés a montré combien était fragile, au point de vue juridique et combien peu fondée en équité, la solution qui avait été pendant si longtemps acceptée. Aussi l'accord est-il aujourd'hui rompu, et si la doctrine reste encore en majorité fidèle au système traditionnel, les tribunaux l'abandonnent et la plupart des décisions récentes refusent à l'assureur le droit de réclamer, en se fondant sur l'article 1382 du Code civil, des dommages-intérêts au tiers, et décident en même temps que l'assuré peut cumuler le bénéfice de l'assurance avec la réparation que lui doit l'auteur du fait dommageable.

Nous nous proposons de rechercher quelles sont les raisons qui ont déterminé les auteurs à accorder un droit de recours à l'assureur, de retracer l'histoire de la jurisprudence et son évolution, et enfin de montrer que la tendance qui se manifeste actuellement dans la plupart des décisions rendues par les tribunaux est seule conforme à la fois aux principes qui régissent le contrat d'assurance et aux exigences de l'équité.

§ 1

Déjà Pothier, dans son traité du contrat d'assurance, spécialement consacré à l'assurance maritime, qui était alors presque seule connue (1), prévoit, au § 50, le cas où le vaisseau assuré a été endommagé par un abordage survenu par la faute du maître d'un autre vaisseau; et il dit que l'assuré doit céder à l'assureur ses actions contre celui par la faute de qui est arrivé l'abordage et contre son commettant.

(1) L'assurance contre l'incendie faisait pourtant son apparition au temps de Pothier, car il nous dit au § 3 : « Il peut y avoir une infinité d'espèces de contrats d'assurance. Tel était celui que proposait, en 1754, une compagnie établie à Paris, de garantir les propriétaires des maisons des dangers du feu, moyennant une certaine somme que les propriétaires qui voudraient faire assurer leurs maisons, paieraient par chacun an à cette compagnie. J'apprends que ce projet a eu son exécution et que, de deux compagnies d'assureurs qu'il y a à Paris, il y en a une qui ne se borne pas aux assurances maritimes, et qu'elle assure aussi du danger du feu les propriétaires de maisons qui veulent les faire assurer pour une certaine somme. L'acte de leur société a été enregistré au Châtelet de Paris ». Voir aussi le § 26.

C'est donc en matière d'assurance maritime que la question s'est posée pour la première fois, et Pothier reconnaît implicitement que l'assuré ne peut pas, à la fois, toucher l'indemnité stipulée, et exercer une action en dommages-intérêts contre le tiers responsable du dommage, puisqu'il l'oblige à céder à l'assureur le bénéfice de cette action. Bien plus, au § 65, Pothier déclare que si l'assureur a pris à sa charge, par la police, les pertes et dommages arrivés par la faute des maîtres et mariniers, il est de plein droit subrogé aux actions des assurés tant contre le maître qne contre l'armateur.

Depuis, tous les auteurs ont accepté cette solution, et tous les jurisconsultes qui ont traité de l'assurance maritime, affirment qu'en vertu d'une ancienne tradition, l'assureur est subrogé légalement dans les droits de l'assuré (1).

Lorsque s'est introduite la pratique des assurances terrestres, notamment de l'assurance-incendie qui fut la première usitée, les compagnies ont invoqué cette tradition, et elles ont, en cas de sinistre, intenté un recours contre le tiers responsable, et, en particulier, contre le locataire de l'immeuble incendié, qui, d'après l'article 1733 du Code civil, répond de l'incendie, à moins qu'il ne prouve qu'il est absolument exempt de faute. Elles ont soutenu qu'elles jouissaient du bénéfice de la subrogation légale dans les droits et actions de l'assuré. C'est en ces termes que la question s'est d'abord présentée devant les tribunaux. Mais ceux-ci, malgré le précédent favorable tiré de l'assurance maritime, ont repoussé cette prétention. L'article 1251 du Code civil énumère les cas où il y a subrogation légale, et aucun de ces cas ne s'applique à l'assureur. Le bénéfice de la subrogation légale est réservé *à celui qui paie la dette d'autrui*, soit parce qu'il y est légalement contraint, soit parce qu'il y

____

(1) Lyon-Caen et Renault, *Traité de droit commercial*, t. VI, n° 1311 ; Lyon-Caen, note sous Cass. civ., 2 mars 1886, S. 87. 1. 17 ; Wahl, note au S. 1903. 2. 258, 2ᵉ col., *in fine*.

On cite dans le même sens, un arrêt de la Cour de Paris du 26 mars 1891, *Journ. de Marseille*, 91. 2. 180 ; voir la note de M. Wahl, précitée.

a un intérêt considérable. Or l'assureur, quand il verse l'indemnité à l'assuré, ne paie pas pour un autre, il acquitte sa propre dette, celle qu'il a contractée par la police d'assurance. Cette dette se distingue de celle qui pèse sur le tiers responsable de l'incendie; ce sont deux obligations différentes. L'argument était tellement probant que la doctrine s'est inclinée devant lui (1).

Mais, en même temps qu'elle refusait à l'assureur le bénéfice de la subrogation légale, la Chambre civile, dans l'arrêt du 2 mars 1829, laissait entrevoir un autre recours possible fondé sur l'article 1382 du Code civil, c'est-à-dire, sur la notion de dommage causé à l'assureur par la faute du tiers.

Cette idée fit rapidement son chemin. Elle est accueillie d'autant plus volontiers par les jurisconsultes que l'exercice d'une action en indemnité de la Compagnie contre le tiers responsable du sinistre leur paraît être le seul moyen d'éviter une injustice et de donner satisfaction à l'équité. Voici, en effet, comment ils raisonnent :

L'auteur du dommage doit nécessairement réparer le préjudice qu'il a causé; il ne saurait être déchargé de cette obligation parce que la victime reçoit une indemnité de la Compagnie d'assurances. « La précaution qu'a prise le propriétaire de se faire assurer, pourrait-elle avoir pour résultat d'affranchir le coupable de dommages-intérêts (2) ? » Mais, d'autre part, l'assuré a déjà été indemnisé par l'assureur et

---

(1) Dès 1848, Mourlon (*Traité des subrogations personnelles*, p. 447) écrivait qu'on ne plaidait plus cette question. Du reste, Mourlon combattait encore cette jurisprudence et prétendait démontrer que l'assureur a droit au bénéfice de la subrogation légale. Demolombe, *Traité des contrats*, t. IV, nᵒˢ 597 et suiv., a repris à son tour cette théorie. Mais les autres auteurs se sont ralliés à la solution admise par la jurisprudence. Pardessus, *Droit commercial*, 5ᵉ édit., nᵒ 595; Grün et Joliat, *Des assur. terr.*, nᵒ 294; Quesnault, *Des assur. terr.*, nᵒˢ 326, 327; Alauzet, *Traité des assurances*, t. II, nᵒˢ 478, 479; Dupuich, *Traité de l'assurance*, nᵒ 192; Lefort, *Traité du contrat d'assur. sur la vie*, t. II, p. 130; Cons. Dalloz, *Suppl. au Répert.*, vᵒ *Assur. terr.*, nᵒ 225.

Pour la jurisprudence, voir Amiens, 19 janv. 1827; Civ. rej., 2 mars 1829, S. chr.; Dalloz, *Jur. Gén.*, vᵒ *Ass. terr.*, nᵒ 247; Cass., 24 nov. 1840, S. 41. 1. 45; Bordeaux, 26 nov. 1845, S. 46. 2. 326; Cass., 22 déc. 1852, motifs; S. 53. 1. 109, D. P. 53. 1. 93; Cass., 2 juill. 1878, S. 78. 1. 413, D. P. 78. 1. 345.

(2) Pardessus, *Cours de droit commerc.*, 5ᵉ éd., t. II, nᵒ 595-5ᵒ.

il n'est pas admissible qu'il puisse, pour le même dommage,
recevoir une double réparation. L'incendie ne doit pas être
pour lui une source d'enrichissement. Il a reçu de l'assureur
l'équivalent de la perte qu'il a subie, il ne peut plus réclamer
de dommages-intérêts au tiers. L'une et l'autre de ces solu-
tions sont donc inacceptables, parce que la seconde comme
la première conduirait à un résultat injuste. Dès lors, il ne
reste plus qu'un moyen de concilier le droit avec l'équité,
c'est d'accorder à l'assureur une action contre l'auteur du
sinistre (1).

Mais quel fondement juridique peut-on donner à cette action ? Pardessus, qui développe ces considérations, s'efforce
de le découvrir (2). Tout d'abord, il invoque l'équité « dont
les magistrats doivent faire l'application à tous les cas qu'ils
sont obligés de juger dans le silence de la loi ». Puis il fait
appel à deux arguments tirés l'un de la faute délictuelle,
l'autre de la gestion d'affaires : « L'assureur, dit-il, est la
véritable partie lésée, car il avait intérêt à ce que la chose
assurée ne fût pas endommagée... C'est le cas de la règle
que nul ne peut se dispenser de réparer le tort qu'il a fait,
ni s'enrichir aux dépens d'autrui, et que celui qui a géré
utilement la chose d'autrui acquiert, même contre les tiers,
les actions de celui dont il fait l'affaire ».

Les jurisconsultes postérieurs précisent le raisonnement
ainsi ébauché; laissant de côté la notion de gestion d'affaires, ils fondent le droit de l'assureur sur l'article 1382 du
Code civil. L'auteur d'un délit ou quasi-délit est responsable vis-à-vis de tous ceux à qui il cause un préjudice, même
de ceux qui ont été indirectement atteints par sa faute,
pourvu que le dommage indirect soit une suite immédiate
et directe de cette faute et s'y rattache par la relation qui
lie l'effet à la cause. Or, c'est bien le fait du tiers, c'est le

(1) De Lalaude, *Assur. contre l'incendie*, p. 362 : « Si l'assuré a déjà été
couvert de ses pertes en tout ou en partie, il serait immoral que cet assuré
touchât une double indemnité, tandis que l'assureur, qui l'a au moins par-
tiellement désintéressé, n'aurait aucune action contre celui qui a, en quelque sorte, payé la dette. »

(2) *Loc. cit.*

sinistre dont il est l'auteur, qui oblige l'assureur à payer l'indemnité stipulée dans la police ; cette obligation a bien pour cause immédiate et directe la faute qui a été commise. L'assureur peut donc demander réparation jusqu'à concurrence de la somme qu'il est obligé de verser à l'assuré (1).

Ainsi se trouve justifié le recours de l'assureur contre l'auteur du sinistre.

Remarquons bien que l'origine de cette théorie se rencontre dans l'idée que, par l'effet du contrat d'assurance, l'assuré a déjà été indemnisé du préjudice qui lui a été causé et que, par conséquent, il ne peut plus poursuivre le tiers. Or, il serait injuste que ce tiers échappât aux conséquences de sa faute. Le seul moyen d'éviter cette injustice, c'est de donner à l'assureur une action en dommages-intérêts contre lui.

La Cour de cassation sanctionna, à son tour, cette théorie, par un arrêt de la Chambre civile du 22 déc. 1852, qui déclare que l'assureur trouve dans l'article 1382 du Code civil le droit de demander à l'incendiaire réparation du préjudice causé (2).

Cette solution paraissait donc définitivement acceptée ;

---

(1) Demolombe, t. 31, n°s 673, 674 ; Alauzet, *Traité génér. des Assur.* (1844), t. 2, n° 478 ; Ruben de Couder, *Dictionn. de dr. comm.*, v° *Assur. terr.*, n° 252 et v° *Assur. vie*, n° 57 ; Larombière, *Théor. et prat. des oblig.*, art. 1382-1383, n° 36 ; Lefort, *op. cit.*, t. 2, p. 131 ; Planiol, *Traité élém. de dr. civ.*, 3e édit., t. II, n° 2164 ; Lyon-Caen et Renault, *Traité de droit commercial*, t. VI, n° 1311 ; Lyon-Caen, *Examen doctr., Revue crit. de législ.*, 1882, p. 524 ; 1886, p. 351.

(2) S. 53. 1. 109 ; D. P. 53. 1. 93. Voir encore Chambéry, 5 févr. 1882, S. 82. 2. 104 ; D. P. 82. 2. 238. Postérieurement, divers arrêts ont appliqué cette solution non seulement à l'assurance maritime, Civ. cass., 12 août 1872, S. 72. 1. 323 ; D. P. 72. 1. 293 ; — mais à l'assurance sur la vie, Cour d'assises Jura, 28 juin 1884, S. 85. 2. 219 ; Paris, 10 juill. 1893, D. P. 94. 2. 505 ; — et à l'assurance contre les accidents, Paris, 22 mai 1903, P. F. 1904. 2. 133.

Dans l'espèce sur laquelle a statué ce dernier arrêt, la Compagnie de chemins de fer responsable de l'accident a été condamnée, d'abord à payer une indemnité au blessé, et en outre, à rembourser à l'État le capital de la pension militaire à laquelle la victime (un soldat réserviste) avait droit. Ainsi la Compagnie a été obligée de payer une double indemnité à raison d'un seul et même acte. Cf. Trib. civ. Seine, 26 déc. 1905, *France jud.*, 24 févr. 1906.

Voir aussi les autres décisions rapportées par M. Wahl, dans sa note S. 1903. 2. 257, 1re colonne.

mais le jour où l'on voulut l'appliquer aux nouvelles formes d'assurances qui se vulgarisaient, à l'assurance sur la vie et à l'assurance contre les accidents, on s'aperçut combien étaient fragiles les considérations de justice qui l'avaient fait adopter, car elle, qu'on avait placée sous le patronage de l'équité, aboutissait, dans ces nouvelles applications, à des résultats véritablement choquants.

Tant qu'il s'agissait d'incendie ou de sinistre maritime, ces conséquences n'apparaissaient pas. En effet, l'assurance contre l'incendie et l'assurance maritime ont pour objet le payement à l'assuré d'une somme égale au dommage que cause le sinistre, et cette somme doit représenter exactement ce dommage; elle ne saurait lui être supérieure. Par conséquent, le recours que l'assureur exerçait contre l'auteur du sinistre était toujours limité au montant du préjudice par lui causé. Peu importait, dès lors, semblait-il, que cette somme fût payée par lui à l'assureur où à l'assuré, pourvu qu'il la payât. On ne lui réclamait que ce qu'il devait.

Mais cette corrélation entre le montant du capital dû par l'assureur et le chiffre représentant le dommage n'existe plus dans les contrats d'assurances sur la vie, ni même d'assurances contre les accidents. La fixation de la somme qui sera payée par la Compagnie est laissée à la libre appréciation des parties contractantes. La notion du préjudice causé par le risque n'intervient plus pour en limiter le montant, ou, du moins, ce préjudice est librement estimé par les parties, et c'est leur consentement qui détermine le capital auquel elles l'évaluent.

Il en résulte que la somme payée par la Compagnie ne correspond plus au dommage que la faute du tiers a causé à l'assuré, et qu'elle peut être de beaucoup supérieure à l'évaluation de ce dommage. Et pourtant, c'est bien le capital par elle déboursé que la Compagnie réclamera au tiers, puisque c'est l'acte commis par lui qui engendre l'obligation de le verser. Ainsi, le tiers sera condamné à rembourser à l'assureur une indemnité variable suivant les polices, qui n'aura aucun rapport avec le préjudice qu'il a causé à la victime, et qui sera, dans bien des cas, beaucoup plus élevée.

Bien plus, il pourra même arriver qu'à l'occasion de la faute unique qu'il a commise, ce tiers soit obligé de payer une double indemnité, à la victime et à l'assureur (1).

Ainsi, ce système qui, dans la pensée de ses promoteurs, permettait d'éviter une injustice et paraissait concilier tous les intérêts, en imposant à l'auteur du fait dommageable l'obligation d'en réparer les conséquences, dépassait maintenant le but, puisque l'indemnité due était calculée, non plus d'après le préjudice souffert par la victime, mais d'après l'importance des sommes déboursées par la Compagnie. Ce résultat n'est pas équitable, car il inflige au tiers une obligation de réparation qui ne correspond pas au dommage réellement causé, et, d'autre part, il procure à la compagnie un bénéfice purement gratuit, et contraire au caractère aléatoire du contrat d'assurance, puisque l'assureur a déjà touché sous forme de primes l'équivalent du risque qu'il a assumé.

Aussi, la jurisprudence, naturellement plus accessible que la doctrine aux considérations de justice, parce qu'elle voit la répercussion immédiate que ses décisions vont avoir sur les intérêts des parties en cause, a-t-elle hésité à consacrer cette solution. Tout en maintenant que l'assureur a le droit de recourir contre l'auteur du fait dommageable, quelques tribunaux ont limité l'étendue de ce recours au préjudice réellement causé à la victime, et ont soutenu que le tiers ne pouvait être condamné à payer une somme supérieure (2). Mais comment justifier cette limitation? N'est-il pas évident qu'elle est arbitraire? Si la Compagnie a une action directe contre le tiers, cette action ne peut trouver son fondement que dans le préjudice direct à elle causé, et ce préjudice a pour mesure, non point le dommage subi par l'assuré lui-même, mais bien le chiffre de la somme déboursée par la Compagnie.

(1) V. notamment l'arrêt de la Cour de Paris du 22 mai 1903, *Pand. franç.*, 1904. 2. 133, précité.

(2) Voir trib. civ. Seine, 13 juin 1899, *Journ. des assur.*, 1889, p. 497; Paris, 10 juill. 1893, D. P. 94. 2. 505, note de M. Dupuich. Cet arrêt dit que le tiers ne saurait être tenu à une réparation qui excède la réalité du préjudice subi.

La conciliation était donc impossible. Il fallait, ou accepter le système avec toutes ses conséquences, ou l'abandonner définitivement et décider que l'assureur n'est pas fondé à réclamer au tiers des dommages-intérêts. C'est cette dernière solution que les tribunaux consacrent aujourd'hui [1].

On peut donc dire qu'un véritable courant se forme dans la jurisprudence; presque toutes les décisions récentes rendues en matière d'assurances sur la vie ou d'assurances contre les accidents repoussent les demandes en dommages-intérêts formées par les assureurs contre les tiers responsables de l'accident qui a entraîné la mort de la victime ou l'a frappée d'incapacité de travail. Nous assistons à un revirement de la jurisprudence, et ici, comme dans la plupart des cas, ce sont les tribunaux qui secouent les premiers le joug de la tradition et montrent la voie à la doctrine.

Au surplus, ces protestations contre les conséquences injustes du droit de recours direct de l'assureur, ont eu déjà leur écho dans la doctrine, et quelques auteurs contestent le fondement juridique de ce droit de recours [2]. Néan-

[1] Voici les principales décisions qui ont déclaré que l'assureur ne pouvait pas, en se fondant sur l'article 1382 du Code civil, intenter une action en responsabilité contre l'auteur de l'accident. Bordeaux, 14 août 1889, *Rec. Bordeaux*, 89. 1. 550; Paris, 26 mars 1891, *Journ. de Marseille*, 1891. 2. 180, cités par Wahl, note S. 1903. 2. 257; Trib. civ. Seine, 6 avr. 1897, *Le Droit*, 9 avr. 1897; Trib. comm. Seine, 27 juill. 1901, *Le Droit*, 17 août 1901; Trib. fédéral suisse, 1er juin 1900, S. 1901. 4. 28 (cette dernière décision est particulièrement intéressante parce qu'elle a été rendue à l'occasion de l'incendie d'une maison assurée, le tribunal déclare que le Code fédéral des obligations n'accorde à l'assureur aucune action directe en dommages-intérêts contre le tiers auteur du dommage); Amiens, 4 déc. 1902, D. P. 1903. 2. 313, note de M. Hitier; S. 1903. 2. 257, note de M. Wahl; *Pand. franç.*, 1904. 2. 129, note de M. Cosmao-Dumanoir; Paris, 27 mars 1903, S. 1903. 2. 257; Trib. comm. Seine, 2 jugements, 9 avr. 1903, *Pand. franç.*, 1904. 2. 134, 135; Trib. comm. Seine, 13 mai 1903, *Gaz. des tribun.*, 16 juill. 1903; Trib. civ. Dunkerque, 12 nov. 1903, *Recueil des assur.*, 1904. 28; Montpellier, 9 janv. 1905, S. 1905. 2. 271; *Le Droit*, 12 mai 1905; Paris, 21 mars 1905, *Le Droit*, 7 juin 1905; Trib. comm. Seine, 13 avr. 1905, *Le Droit*, 24 juin 1905; Trib. civ. Nice, 8 nov. 1905, *Gaz. Pal.*, 29 déc. 1905.

La jurisprudence suisse la plus récente résout également cette question dans le même sens. Voir *Exposé des motifs sur le projet d'une loi fédérale concernant le contrat d'assurance du 2 févr. 1904*, feuille fédérale suisse, 10 févr. 1904, p. 337.

[2] Patinot, *De l'assur. sur la vie, Rev. prat. de droit franç.*, t. XXVII

moins, la majorité des jurisconsultes reste encore fidèle à l'interprétation traditionnelle et n'hésite pas à maintenir toutes les conséquences qui en découlent (1). En effet, disent-ils, le tiers responsable du dommage est tenu de réparer tout le préjudice que son acte a pu causer, non seulement à celui qui en a été la victime directe, mais aux tiers qui en ont subi le contre-coup. Or, on ne peut nier que le préjudice supporté par la compagnie ne soit la suite au moins indirecte du fait de celui qui a provoqué le sinistre. Il est donc impossible d'échapper à l'application de l'article 1382 du Code civil. Il est également impossible de limiter la réclamation de l'assureur à la mesure du préjudice réel causé à la victime, parce qu'il y a deux dommages distincts et séparés causés par le fait délictueux.

Tel est, d'après les partisans du droit de recours, l'argument décisif, irréfutable, contre lequel viennent se briser

(1869), p. 57; Dupuich, note D. P. 94. 2. 505; Hitier, note D. P. 1903. 2. 313. Voir aussi, *Répert. du droit franç.* de Fuzier-Herman, v° *Assurance-incendie*, n° 488.

A l'appui de cette solution, on a fait remarquer qu'il était très difficile et même impossible d'évaluer exactement le préjudice subi par l'assureur. Il ne suffit pas, en effet, pour calculer ce préjudice, de déduire du capital payé les primes touchées jusqu'au jour de l'accident, car il faut également tenir compte de l'aléa qui pesait sur l'assureur et qui résultait de la possibilité de réalisation du risque; or cet aléa n'est pas susceptible d'être évalué. Comme le fait remarquer M. Dupuich, note précitée, ce que l'assureur a perdu par la faute de l'auteur de l'accident, ce n'est pas la *certitude* de ne pas payer ou de ne payer que plus tard, c'est la *chance* de ne pas payer ou de payer à une date plus éloignée. Cet argument est très bien présenté dans la note de M. Hitier précitée.

(1) Voir, en particulier, les notes de MM. Wahl et Cosmao-Dumanoir précitées. Pour prouver que le préjudice causé par le fait d'un tiers peut donner ouverture à une action en dommages-intérêts alors même qu'il n'est que la conséquence indirecte de ce fait, on invoque un arrêt de cassation du 4 mars 1902, S. 1902. 1. 224, rendu dans l'espèce suivante : La Compagnie parisienne du gaz, responsable par son traité avec la ville de Paris de tous les accidents et dégradations causés au matériel, avait chargé un entrepreneur de pourvoir, en ses lieu et place, au remplacement des objets détériorés. L'arrêt précité a décidé que l'entrepreneur avait, en conséquence, le droit de poursuivre en indemnité les auteurs des dégradations. Mais il faut bien remarquer que cet arrêt ne parle pas de dommage indirect, il constate purement et simplement que l'entrepreneur avait intérêt à ce que le reverbère ne fût pas brisé, puisque le préjudice résultant de toute dégradation devait retomber sur lui. *C'est donc lui seul qui était lésé.*

non seulement les considérations d'équité, incertaines et variables suivant les espèces envisagées, mais aussi les objections juridiques qui ont été opposées. C'est en vain, disent-ils, qu'on prétend qu'il n'existe pas entre la faute et le préjudice le lien de cause à effet exigé par l'article 1382 du Code civil. C'est en vain qu'on soutient aussi que la responsabilité de l'auteur de l'accident ne peut pas être aggravée par un contrat d'assurance, qui est, à son égard, *res inter alios acta*. Ces deux objections tombent devant cette réponse de l'assureur : c'est la faute que vous avez commise qui m'impose l'obligation de payer *hic et nunc* la somme assurée. Peu importe que cette obligation ait sa source dans le contrat d'assurance lui-même; elle était subordonnée à une condition ou à un terme incertain, et c'est votre faute qui la rend exigible. Vous me causez un préjudice en me contraignant à payer à l'assuré le capital stipulé.

Cette argumentation frappe par sa simplicité, mais c'est cette simplicité même qui en est le point faible. En effet, elle ne tient aucun compte de la nature spéciale du contrat qui unit l'assureur et l'assuré. Elle ne considère qu'une chose, l'obligation pour l'assureur de payer le capital stipulé, sans se demander quelle est la contre-partie de cette obligation. Elle ne se préoccupe pas du mécanisme de l'opération d'assurance, de son mode de fonctionnement, ce qui est pourtant indispensable pour en déterminer les effets juridiques.

Tout d'abord, le contrat passé entre l'assureur et l'assuré ne doit pas être envisagé comme un acte unique, indépendant de tout autre, trouvant en lui-même sa raison d'être, acte par lequel l'assureur consentirait à prendre à sa charge, moyennant une prime minime, le risque qui pèse sur l'assuré. Ce n'est là que l'apparence. « Ainsi compris, ce contrat serait un marché de dupes et personne ne le ferait. L'assureur n'a aucune raison de courir le risque à la place d'autrui, et il ne le fait pas (1) ». En réalité, les choses se passent autrement. L'assureur est un intermédiaire dont le

(1) Planiol, *Traité élémentaire du droit civil*, 3e édit., t. II, no 2142.

rôle consiste à grouper un certain nombre de personnes
exposées au même risque. Toutes ces personnes ne seront
pas atteintes par l'événement qu'elles redoutent; quelques-
unes seulement seront frappées, et la statistique permet
d'établir cette proportion. L'assureur demande donc à chacun des assurés un léger sacrifice pécuniaire, sous forme de
cotisation annuelle, calculée d'après les indications fournies
par les données de la statistique, et avec l'ensemble de ces
cotisations, il obtient un capital suffisant pour payer une
indemnité à ceux qui seront atteints par la réalisation de
l'événement prévu au contrat. Ainsi, l'assurance consiste
essentiellement à répartir sur un grand nombre de têtes le
risque qui menace individuellement chacune d'elles et à
neutraliser les conséquences dommageables de ce risque
par l'accumulation des primes versées. Toute opération
d'assurances, quelle qu'elle soit, est donc fondée sur le principe de la mutualité; elle est, comme le dit M. Chaufton [1],
« la compensation des effets du hasard par la mutualité
organisée suivant les lois de la statistique ». Il en est ainsi
dans tous les cas, que l'assurance soit pratiquée sous sa
forme la plus simple, celle de l'association mutuelle, forme
dans laquelle le mécanisme même de l'opération apparaît
clairement aux yeux, ou qu'elle soit exploitée, comme c'est
le cas le plus fréquent chez nous, par une Compagnie d'assurances à primes composée d'actionnaires, qui fait de l'assurance une spéculation au profit de ces derniers. Même
alors, la Compagnie n'est que la gérante de la mutualité
formée par ses assurés; ce n'est pas le capital social qui sert
à payer les indemnités stipulées dans les polices, ce sont les
sommes produites par le versement des primes des assurés.

Tel est le trait caractéristique de l'assurance, et on le retrouve dans toutes les variétés d'assurances quels que soient
les risques qu'elles couvrent, sinistres maritimes, incendies,
accidents, assurances sur la vie sous ses diverses formes [2].

De cette analyse, il résulte que la réalisation du risque

---

(1) *Les assurances.*, t. I, p. 216; V. aussi Planiol, *Traité élém. de droit
civil*, 3e édit., t. II, no 2143.

(2) V. Dupuich, *op. cit.*, no 126.

prévu ne cause à la Compagnie d'assurances aucun préjudice, et ne trouble en rien les conditions ou prévisions de la
police, comme le fait très bien remarquer l'arrêt précité de
la Cour de Montpellier du 9 janv. 1905, puisque la réparation
de ce risque est à l'avance prévue et couverte par les primes
que la Compagnie reçoit de ses assurés. Du moment que ces
primes ont été fixées d'une façon exacte, c'est-à-dire confor-
mément à des calculs basés sur des tables de probabilité
bien établies, l'arrivée des sinistres n'entraîne aucun dommage pour la Compagnie. Le seul préjudice qu'elle puisse
subir proviendrait de la fixation inexacte du taux des primes.

Et remarquons qu'il ne suffit pas de répondre qu'en fait,
il y a bien dommage causé par l'acte du tiers, puisque la
Compagnie débourse un capital; car ce paiement ne saurait
être détaché de l'ensemble des opérations d'assurances dont
il n'est que l'un des éléments. L'assureur ne peut pas se
contenter de dire au tiers : par votre faute, je suis obligé
de verser une somme d'argent à la victime, vous devez me
la rembourser. Le tiers aura le droit de lui répondre : c'est
à titre d'assureur que vous avez versé ce capital et, à ce
titre, ce versement est compensé par les primes que vous
touchez.

A cette première considération, il faut en ajouter une seconde, qui achève de détruire l'argument invoqué par les
partisans du droit de recours. L'assurance est, comme le
disent les arrêts que nous avons cités (1), un contrat essentiellement aléatoire, c'est-à-dire un contrat dans lequel chacune des parties cherche soit à réaliser une chance de gain,
soit à éviter une chance de perte. Lorsque l'assureur est
une société commerciale, c'est-à-dire une compagnie à
primes fixes, le caractère aléatoire du contrat apparaît
d'une façon bien claire, car la Compagnie fait acte de
spéculation, elle escompte un bénéfice consistant dans
l'excédent des primes qu'elle touche sur les sommes aléa-
toires qu'elle sera obligée de payer, et ce bénéfice sera
d'autant plus grand que les risques assurés se réaliseront

(1) Voir ci-dessus, p. 45, note 1.

moins fréquemment. Lorsque l'assurance est pratiquée sous
la forme d'association mutuelle, chaque assuré est à la fois
« assureur des autres et assuré par eux [1] »; chaque assuré
fait donc un contrat aléatoire puisque, moyennant le paiement de la prime annuelle, il court la chance de recevoir le
capital stipulé. Or, quand une personne conclut un contrat
aléatoire, elle s'expose volontairement à la chance de gain
ou de perte que ce contrat comporte, et seule elle doit soit
profiter du gain, soit supporter la perte qui peuvent se produire.

Supposons, par exemple, qu'il s'agisse d'une rente viagère et que le crédi-rentier soit tué par un accident imputable à la faute d'un tiers. N'est-il pas certain que ce tiers,
obligé de payer des dommages-intérêts aux représentants
de la victime, ne pourrait pas intenter une action contre le
débiteur de la rente, sous le prétexte que la mort du crédi-
rentier procure à ce dernier un bénéfice, en éteignant pré-
maturément la rente qu'il était obligé de servir? De même
et par contre, lorsque l'assureur est tenu de payer le capital stipulé, il ne peut pas en réclamer le remboursement
à l'auteur de l'accident qui a frappé l'assuré, parce que l'aléa
auquel il s'est exposé se trouverait par-là même supprimé.
En d'autres termes, la faute commise par le tiers ne modifie
en rien les prévisions ou conditions du contrat d'assurance;
au contraire, c'est le recours de l'assureur contre le tiers
qui transformerait le contrat en le dépouillant de son vrai
caractère. Il résulte donc de la nature même du contrat
d'assurance que ses effets ne peuvent pas rejaillir contre les
tiers.

Pour répondre à cette argumentation, on a prétendu que
la Compagnie d'assurances pouvait prendre en considération, pour le calcul de la prime, le cas de décès imputable
à la faute d'un tiers, et l'éventualité du recours contre ce
tiers [2]. Mais il n'y a pas lieu de s'arrêter à cette objection,
pour les raisons suivantes.

(1) Planiol, *op. cit.*, t. II, n° 2147.
(2) Voir notes de MM. Wahl et Cosmao-Dumanoir précitées, S. 1903. 2.
258, 2° col.; P. F. 1904. 2. 130.

Tout d'abord, nous croyons que les Compagnies à primes ne tiennent pas compte de ce recours hypothétique dans la fixation du chiffre de la prime, lequel n'est déterminé que d'après l'importance et la fréquence du risque assumé [1]. Seules, les sociétés d'assurances mutuelles, qui ne fixent pas à l'avance le taux de la prime exigée des assurés, mais le déterminent d'après le montant des indemnités qu'elles ont payées aux assurés dans le cours de l'année précédente, font parfois entrer en déduction les sommes que leur procurerait ce recours, mais elles ont soin de se faire subroger dans les droits et actions de l'assuré contre l'auteur de la faute [2]; c'est-à-dire qu'elles ont en vue, non pas l'action directe en dommages-intérêts fondée sur l'article 1382 du Code civil, mais l'action qui appartient à l'assuré contre le tiers responsable du dommage. Si donc la Compagnie, qui a ainsi consenti une diminution dans le chiffre de la prime, n'a pas stipulé expressément, comme contre-partie, la cession des droits éventuels de l'assuré, on peut dire que cette cession est toujours sous-entendue et résulte de l'intention même des parties contractantes. En effet, l'assuré a nécessairement renoncé, au profit de l'assureur, au droit de poursuivre le tiers en responsabilité, moyennant l'avantage qui lui était consenti par celle-ci. De son côté, la Compagnie qui insère cette clause dans la police, ne peut avoir en vue que l'exer-

(1) Dans son *Traité des assurances*, Alauzet, qui contestait la validité de la cession faite à l'assureur du droit de recours que l'article 1733 donne au propriétaire de l'immeuble incendié contre ses locataires, s'exprimait ainsi : « Quant à la crainte que l'assureur n'exige une prime plus élevée des propriétaires, parce qu'ils ne pourront lui céder le privilège établi à leur profit par l'article 1733, elle est démentie de la manière la plus péremptoire par ce fait constant, ancien, universel, que ces compagnies ne font aucune diminution sur leurs tarifs en vue de cette éventualité qu'elles savent apprécier à sa juste valeur. Ils n'établissent nullement leurs calculs sur une pareille base. » T. II, n° 485.

(2) Voir deux arrêts de la Cour de Paris du 27 mars 1903, P. F. 1904. 2. 132, et du 24 nov. 1903, S. 1904. 2. 174, dans lesquels il est dit que la société d'assurances, la *Préservatrice*, société d'assurances mutuelles, avait calculé les primes en tenant compte du recours de l'assureur contre les tiers responsables. Mais la société était subrogée dans les droits de l'assuré. Voir aussi *Pand. franç., Rép.*, v° *Assur. contre l'incendie*, n° 1617.

cice de l'action de l'assuré, action qui lui permettra de réclamer au tiers une somme représentant exactement le préjudice causé à la victime. Si, au contraire, elle en était réduite à invoquer un prétendu dommage personnel, le résultat de son action serait hypothétique, car le dommage exact devrait se calculer en appréciant quelle est l'influence que la faute du tiers a exercée sur les conséquences normales du contrat d'assurance (1).

Enfin, il nous paraît juridiquement impossible qu'une Compagnie d'assurances puisse, par sa volonté et par une clause qu'elle insère dans le contrat, faire naître à son profit une action personnelle en dommages-intérêts contre un tiers, alors que cette action, fondée sur des raisons d'ordre public, ne lui appartient pas d'après le droit commun, et est contraire à la nature aléatoire du contrat d'assurance (2).

§ 2

Nous sommes arrivé à cette conclusion que l'assureur n'a pas le droit d'intenter contre le tiers auteur du fait dommageable une action en responsabilité fondée sur l'article 1382 du Code civil, pour obtenir de lui le remboursement de la somme qu'il a payée à l'assuré.

Ce n'est pas à dire pour cela que le tiers responsable se trouvera à l'abri de toute poursuite et qu'il échappera aux conséquences de sa faute. Une telle conclusion serait inexacte. La victime de l'accident aura toujours le droit de lui demander la réparation du préjudice qu'elle supporte.

Pourtant cette proposition a besoin d'être établie, car son

---

(1) Voir les notes de MM. Dupuich et Hilier, précitées.

(2) L'arrêt de la Cour de Montpellier du 9 janv. 1905 prévoit l'hypothèse que nous discutons, dans ses considérants : « ... qu'il n'a dépendu que d'elle (la Compagnie d'assurances), au surplus, de tarifer, eu égard à l'étendue des risques qu'elle assumait, l'importance de la prime annuelle, et qu'ayant la charge de la preuve, elle ne pouvait, dans l'état de son contrat, justifier, au regard de la Compagnie intimée d'un préjudice que si elle établissait que, au cas de décès imputable à la faute d'un tiers, elle a pris en considération, pour le calcul de la prime, l'éventualité et l'utilité du recours que les dispositions du droit commun pourraient l'autoriser à exercer... » Mais l'arrêt ne dit pas quelle serait la nature de ce recours.

exactitude a été bien souvent mise en doute. On a soutenu, en effet, que la personne qui a souffert de l'accident est indemnisée par le paiement de la somme que lui verse l'assureur; le dommage qu'elle subit est donc réparé par ce versement, et son recours contre le tiers est sans fondement, puisque il n'y a plus de préjudice. Lui permettre de réclamer des dommages-intérêts, en plus du capital assuré, c'est lui permettre de toucher une double indemnité, et par conséquent de s'enrichir, ce qui est contraire au principe même qui justifie l'action en dommages-intérêts fondée sur l'article 1382.

Pendant longtemps, les auteurs se sont déclarés satisfaits par ce raisonnement. C'est même sur cet argument, qu'il considérait comme décisif, que Pardessus fondait l'action en indemnité de l'assureur contre l'auteur du dommage : « Il serait contraire à l'équité, disait-il, que le tiers responsable fût déchargé de l'obligation de réparer le dommage, parce que déjà celui qui l'aurait éprouvé en aurait reçu la réparation... D'un autre côté, serait-il juste que, déjà indemnisé par l'assureur, l'assuré touchât une deuxième fois une indemnité ? » (1).

Ainsi, aux yeux de beaucoup d'auteurs, il est incontestable que l'assuré qui a été indemnisé par le capital stipulé dans la police, n'a plus le droit de poursuivre le tiers en dommages-intérêts.

Pendant longtemps aussi, la jurisprudence a partagé cette opinion. En particulier, dans la matière des accidents du travail, avant la loi du 9 avr. 1898, elle décidait que l'ouvrier qui, après avoir touché l'indemnité stipulée dans la police collective, poursuivait son patron en responsabilité,

---

(1) Pardessus, *Cours de dr. commerc.*, 5ᵉ édit., t. II, nᵒ 595-2ᵒ, p. 611. Dans le même sens, Alauzet, *Assur.*, t. II, nᵒˢ 478, 486; Toullier, *Droit civil*, t. II, nᵒˢ 174, 175; Couteau, *Traité des assur.-vie*, t. II, nᵒ 421; Cosmao-Dumanoir, note précitée. De Lalande, *Traité du contrat d'assur. contre l'incendie*, p. 362, déclare qu'il serait immoral que l'assuré touchât une double indemnité, tandis que l'assureur n'aurait aucune action *contre celui dont il a, en quelque sorte, payé la dette*. L'erreur de raisonnement apparaît bien dans cette dernière formule. Voir aussi Lyon-Caen, *Examen doctr.*, *Rev. crit.*, 1882, p. 524.

ne pouvait pas obtenir, par ces deux voies, une somme supérieure au dommage éprouvé, et, en conséquence, les tribunaux déduisaient des dommages-intérêts représentant le préjudice souffert, l'indemnité déjà versée à l'ouvrier par la Compagnie (1), parce que, disaient-ils, cette indemnité répare en partie le préjudice souffert. Or, remarquons bien que, presque toujours, les primes de l'assurance collective étaient exclusivement supportées par l'ouvrier et intégralement prélevées sur son salaire (2).

Mais cette solution perd tous les jours des partisans; les tribunaux la repoussent aujourd'hui, et de même qu'ils refusent à l'assureur le droit de réclamer des dommages-intérêts à l'auteur du dommage, de même ils décident que le bénéfice résultant pour la victime du contrat d'assurance ne peut pas modifier l'étendue de la responsabilité du tiers.

L'arrêt de la Cour d'Amiens du 4 déc. 1902 (3) déclare que les actions de l'assuré contre la Compagnie d'assurances et contre l'auteur du sinistre se cumulent, et que le capital assuré est une ressource supplémentaire qui viendra s'ajouter à l'indemnité due par l'auteur de l'accident. La

---

(1) Caen, 18 févr. 1895, S. 88. 2. 124; Limoges, 10 mai 1897, S. 98. 2. 264; Nîmes, 10 avr. 1897, S. 97. 2. 301; Lyon, 3 févr. 1897, S. 97. 2. 301. Cf. Sauzet, *Rev. crit.*, 1886, p. 395; Chavegrin, note, S. 1900. 4. 5.

(2) De même un jugement du tribunal civil de Boulogne-sur-Mer du 9 juill. 1897, S. 98. 2. 307, avait décidé, à propos d'un accident survenu dans une partie de chasse, que la victime ne pouvait pas cumuler le capital payé par la Compagnie à laquelle elle était assurée et l'action en dommages-intérêts contre le coupable, et que l'indemnité d'assurance devait venir en déduction de sa demande.

D'autre part, les tribunaux déclaraient qu'il convenait de déduire du préjudice causé par l'accident, l'émolument représenté par la pension de retraite payée à la veuve de la victime. Bruxelles, 18 déc. 1893, S. 1900. 4. 2; Cass. Belg., 11 juill. 1895, S. 1900. 4. 5; Trib. civ. Bruxelles, motifs, 8 févr. 1896, S. 1900. 4. 7; Bruxelles, 10 mars 1896 et 8 avr. 1896, S. 1900. 4. 8, parce que la pension de retraite vient diminuer le préjudice causé à la veuve par la mort de son mari (Voir la note de M. Chavegrin sous ces décisions).

Pourtant le jugement du tribunal civil de Bruxelles ajoute qu'il en pourrait être autrement si la pension ou l'assurance avaient été créées par le fait de sommes déboursées effectivement par la victime de l'accident ou au moyen de deniers lui ayant été versés effectivement. Voir en faveur du cumul, Liège, 15 déc. 1897, S. 1900. 4. 36.

(3) S. 1903. 2. 257; D. P. 1903. 2. 313.

Cour de Paris, dans son arrêt du 2 mars 1905 [1], fait remarquer également que le contrat d'assurance sur la vie ne saurait modifier la situation juridique du tiers, en aggravant ou diminuant les obligations qui lui incombent à raison du fait dont il est responsable. La même idée se retrouve dans plusieurs autres décisions [2].

Quelques auteurs partagent, du reste, cette opinion [3].

[1] *Le Droit*, 7 juin 1905.

[2] Trib. civ. Seine, 6 avr. 1897, *Le Droit*, 9 avr. 1897 ; Cour supér. Just. du Luxembourg, 8 mai 1896, S. 97. 4. 24 ; Douai, 19 janv. 1898, S. 98. 2. 307 ; Trib. comm. Seine, 13 avr. 1905, *Le Droit*, 24 juin 1905 ; Montpellier, 9 janv. 1905, S. 1905. 2. 271 ; *Le Droit*, 12 mai 1905. Cet arrêt décide que le contrat d'assurance sur la vie n'exclut nullement, comme l'assurance-incendie, le cumul du paiement de la somme assurée avec celui des indemnités encourues par des tiers en raison de leur faute. L'arrêt de Douai du 19 janv. 1898 fait la même distinction entre l'assurance-vie et l'assurance-incendie. Voir aussi Trib. civ. Nice, 8 nov. 1905, *Gaz. Pal.*, 29 déc. 1905. Enfin, on peut encore citer un arrêt de Douai du 24 nov. 1871, D. P. 72. 2. 17.

Depuis la loi du 9 avr. 1898, la question de savoir si l'ouvrier d'une Compagnie de chemins de fer a le droit de cumuler la rente viagère due pour l'incapacité résultant de l'accident avec la pension de retraite assurée par les règlements de la Compagnie à ses agents ou à leurs veuves a été assez vivement controversée. Voir Bourges, 26 nov. 1900 et 17 juill. 1901, S. 1901. 2. 241, note de M. Sachet. Voir aussi D. P. 1902. 2. 481, note de M. Dupuich. Agen, 28 févr. 1901, S. 1902. 2. 172 ; Montpellier, 14 févr. 1901, et 2 mars 1901, S. 1902. 2. 108 ; Paris, 18 juill. 1901, S. 1902. 2. 110 ; Bourges, 22 déc. 1902, S. 1903. 2. 46 ; Poitiers, 8 juill. 1901, Bordeaux, 24 juin et 8 juill. 1902, S. 1903. 2. 245.

La Cour de cassation l'a tranchée en faveur du cumul. Elle a décidé qu'il est interdit d'imputer sur l'indemnité accordée par la loi du 9 avr. 1898 les rentes dues par la Caisse des retraites, alors même que ces rentes proviendraient de versements prélevés exclusivement sur les bénéfices de l'entreprise. Civ. Cass., 21 juill. 1904, *Fr. judic.*, 1904. 2. 361 ; 24 juin 1905, *Fr. judic.*, 1905. 2. 389. Ces deux arrêts de la Chambre civile invoquent les considérations suivantes : l'indemnité forfaitaire allouée par la loi du 9 avr. 1898 aux ouvriers victimes d'un accident ou à leurs représentants doit demeurer entièrement à la charge du chef de l'entreprise ; la rente viagère pour accident et la pension de retraite constituent deux créances qui n'ont pas la même cause et ne se confondent pas, bien qu'elles dérivent d'un fait unique, la mort de la victime.

[3] Laurent, *Droit civil*, t. 23, n° 507 ; Patinot, *Revue pratique de droit français*, t. XXVII (1869), p. 57 ; Chavegrin, note au S. 1900. 4. 1. Dans cette note l'auteur propose une distinction : Toutes les fois que l'auteur de l'accident *n'est pour rien* dans le profit qui s'y rattache (par exemple un individu tue, par méchanceté ou imprudence, un père de famille qui a contracté sur sa propre vie une assurance pour ses enfants ; un tiers met le feu à une maison que le propriétaire avait assurée), le dommage doit s'évaluer comme si aucun

Telle est, à notre avis, la solution exacte. Il convient, en effet, d'appliquer à cette situation la disposition de l'article 1165 du Code civil, en vertu de laquelle les conventions n'ont d'effet qu'entre les parties contractantes et ne peuvent pas profiter aux tiers. L'auteur du dommage ne saurait se prévaloir du contrat d'assurance passé par la victime pour écarter l'action en dommages-intérêts dirigée contre lui, en prétendant que celle-ci se trouve indemnisée par l'effet de ce contrat. L'article 1165 du Code civil est formel, et c'est bien le cas ou jamais de l'appliquer. Ajoutons qu'une telle prétention méconnaîtrait l'intention de celui qui signe une police d'assurance. En effet, la personne qui contracte une assurance sur la vie ou contre les accidents stipule le versement d'un capital pour réparer les conséquences dommageables qu'entraîneront pour lui et les siens son état d'invalidité ou sa mort, mais elle n'entend pas renoncer au droit d'intenter une action en dommages-intérêts, pour le cas où elle serait victime d'un accident causé par la faute d'un tiers.

Enfin, il n'est pas admissible que l'acte de prévoyance puisse se retourner contre celui qui l'a fait, et c'est pourtant à ce résultat singulier qu'on aboutit quand on adopte l'opinion traditionnelle. En effet, l'assuré se trouve, en dernière analyse, moins bien traité que s'il n'avait pas contracté d'assurance; car, dans ce dernier cas, il aurait eu le droit de

boni ne le tempérait. Au contraire, le profit doit se défalquer du dommage, lorsque c'est la personne responsable du fait qui a, par des dépenses ou des démarches antérieures, concouru à créer l'avantage et qu'en outre, elle a eu l'intention, admise, fût-ce tacitement, par qui de droit, de diminuer les condamnations auxquelles elle est elle-même exposée. L'auteur fait rentrer dans cette deuxième hypothèse les rapports du patron et de l'ouvrier, et décide que toutes les fois que le patron organise un service de pension de retraite, ou une assurance au profit de ses ouvriers; même en les alimentant exclusivement par des retenues sur les salaires, il entend alléger par avance sa responsabilité. Une telle solution nous paraît inacceptable, parce qu'on ne peut, sans un véritable abus d'interprétation de volonté, admettre que l'ouvrier, qui subit la retenue, consente à renoncer, dans cette mesure, à ses droits contre le patron, en cas d'accident. Du reste, on a vu que la Cour de cassation avait condamné ce système et décidé que l'ouvrier avait droit à la fois à la rente due pour cause d'accident et à la pension de retraite. V. ci-dessus, p. 55, note 2.

réclamer au tiers le montant total du préjudice souffert, tandis que dans le premier cas, s'il reçoit un capital équivalent de la Compagnie, il supporte néanmoins la charge des primes qu'il a payées pendant un temps plus ou moins long. Cette observation montre bien qne le capital assuré n'est que la contre-partie des primes stipulées au contrat. Permettre au tiers de se prévaloir du versement de ce capital, pour repousser l'action intentée contre lui, c'est enlever à l'opération d'assurance son véritable caractère.

Au surplus, il y a dans la théorie que nous combattons une contradiction flagrante. Ceux qui refusent à l'assuré le droit de poursuivre l'auteur du délit, déclarent cependant que cet assuré peut, soit à l'avance dans la police, soit au moment où se produit l'accident, subroger l'assureur dans son recours contre le tiers responsable, ou mieux lui céder son action en indemnité [1]. Mais comment concilier cette proposition avec la précédente? Si, comme on le prétend, l'assuré déjà indemnisé par le contrat d'assurance n'a pas d'action contre l'auteur du dommage, la cession qu'il fait à la Compagnie est sans objet. Qu'on ne dise pas que, dans la police, il cède son action éventuelle contre le tiers, car cette action ne naîtra pas en sa personne, si l'on admet que le préjudice souffert est réparé par la créance qu'il a contre l'assureur. La cession ne serait valable que dans le cas où le capital versé par la Compagnie serait inférieur au dommage réellement causé et seulement jusqu'à concurrence de l'excédent. Alauzet, dans son *Traité général des assu-*

[1] En effet, la convention par laquelle l'assuré subroge l'assureur dans ses droits n'est pas une véritable subrogation; le paiement avec subrogation est une institution qui ne s'applique que dans le cas où le paiement d'une dette est fait par un autre que le débiteur (art. 1249 et suiv., C. civ.). Le tiers qui paie peut être subrogé soit conventionnellement, soit légalement dans les droits du créancier désintéressé. Or, la Compagnie d'assurance qui verse le capital promis paie sa propre dette et non celle d'autrui. La convention constitue, en réalité, une cession par laquelle l'assuré transporte à l'assureur son action en dommages-intérêts contre l'auteur du délit. Cons. Orléans, 26 août 1858, D. P. 59. 2. 2 ; Civ. Cass., 3 févr. et 5 août 1885, D. P. 86. 1. 173 ; Poitiers, 18 déc. 1889, S. 90. 2. 79; Paris, 21 mars 1905, *Le Droit*, 7 juin 1905; Cass., 2 juill. 1878, D. P. 78. 1. 345, note.

rances [1], a déjà signalé cette objection : « Il est bien reconnu, dit-il, que l'assuré indemnisé ne peut pas poursuivre le paiement d'une deuxième indemnité contre qui que ce soit; il céderait donc un droit qu'il ne pourrait pas exercer lui-même? Cela nous paraît impossible ». Mais cette contradiction n'a arrêté ni les auteurs ni la jurisprudence, qui s'accordent à reconnaître la validité de la clause dite de subrogation conventionnelle [2].

Reste l'objection qui consiste à dire : il ne faut pas que la victime du dommage soit indemnisée deux fois; ce serait contraire au principe que l'assurance est un contrat d'indemnité qui ne doit procurer aucun enrichissement à l'assuré.

Il faut répondre tout d'abord, que l'assurance n'est pas toujours un contrat d'indemnité. Tantôt l'assuré a pour but de réparer les conséquences pécuniaires d'un risque qu'il redoute, tantôt il veut tout simplement faire un acte de prévoyance en stipulant le paiement d'un capital, soit pour lui-même, soit pour les siens.

Certains jurisconsultes, exagérant l'importance du caractère indemnitaire, ont, il est vrai, prétendu en faire un élément essentiel de tout contrat d'assurance. C'est ainsi qu'on a soutenu que l'assurance sur la vie avait pour objet l'indemnisation d'un dommage [3], et l'on a longuement discuté sur ce point. Mais cette conception ne résiste pas à l'examen. Il est, en effet, impossible de l'appliquer à l'assurance en cas de vie; celui qui stipule le paiement d'un capital pour le cas où il sera vivant à une date déterminée, ne cherche pas à se prémunir contre les conséquences d'un dommage [4]. En outre, même quand l'assuré agit dans

---

(1) T. II, n° 480.

(2) Voir les références citées par Dalloz, *Jurispr. gén.*, v° *Assurances terrestres*, n° 247, et *Suppl.*, *eod. v°*, n° 227.

(3) Voir Couteau, *Traité des assur. sur la vie*, t. I, p. 252 et suiv.; Mornard, *Thèse pour le doctorat*, Paris, 1883; Lefort, *op. cit.*, t. I, p. 169 et suiv.

(4) Voir Dupuich, *op. cit.*, n° 18; Planiol, *op. cit.*, t. II, n°⁸ 2178 et suiv. Mais ceux-là même qui repoussent cette conception, semblent croire que

l'intention de protéger les siens contre le risque de sa mort prématurée, il n'entend pas donner au capital qu'il stipule le caractère d'une pure indemnité destinée à réparer exactement le préjudice que son décès causera à sa famille. L'importance de ce capital dépend exclusivement de la volonté des parties contractantes, et il est dû sans que les bénéficiaires aient à justifier d'aucun préjudice (1).

Dans l'assurance contre les accidents, il n'est pas douteux que l'assuré veut se protéger contre les conséquences dommageables qu'entraînerait pour lui un accident. Mais, ici encore, l'assuré fixe librement les sommes qui lui seront dues au cas où un accident plus ou moins grave, entraînant soit une incapacité de travail, soit la mort, viendrait à le frapper, et il est bien certain que quand le risque prévu se réalise, l'assureur doit payer l'indemnité stipulée dans la police ; il ne pourrait pas en demander la diminution, sous le prétexte que le préjudice réel résultant soit de l'incapacité de travail soit de la mort de l'assuré est inférieur aux stipulations de la police.

Ainsi, nous constatons que dans les assurances de personnes, le caractère purement indemnitaire n'apparaît pas, ou ne joue qu'un rôle tout à fait secondaire.

Il en est autrement, il est vrai, dans les assurances de choses. Des considérations d'ordre public s'opposent à ce que ces assurances puissent être une source d'enrichissement pour l'assuré. Il ne faut pas que l'assuré soit placé, en cas de sinistre, dans une situation pécuniaire meilleure que si aucun risque ne s'était produit. Sinon, l'opération dégénérerait en pari, et pourrait donner lieu à des fraudes nombreuses. En conséquence, l'indemnité due par l'assureur doit être égale et ne peut être supérieure au dommage causé par le sinistre (2). Mais, même dans ce genre d'assu-

l'idée d'indemnité constitue un élément essentiel à toute opération d'assurance. C'est ainsi que M. Dupuich déclare, *op. cit.*, n° 18, p. 62, que l'assurance en cas de vie n'a d'une assurance que le nom.

(1) Voir Dupuich, *op. cit.*, p. 64, 65.

(2) Cette idée est admise par toutes les législations. La jurisprudence l'a appliquée parfois dans des espèces où elle aboutissait à une véritable iniquité. Ainsi un arrêt de la Cour de Lyon du 13 mai 1904, S. 1905. 2. 136, décide

rances, la notion d'indemnisation ne constitue pas, *au point de vue juridique*, un élément essentiel du contrat. Dans une de ses notes les plus vigoureuses [1], M. Labbé a prouvé que, *juridiquement*, l'assurance quelle qu'elle soit, assurances de choses ou de personnes, n'a pas pour but de réparer une perte, parce que « la perte n'est pas la cause juridique de la dette dont l'assureur est tenu ». Le risque n'est que la condition qui donne naissance à cette dette, mais la cause véritable de cette dette est le versement des primes. « L'assurance ne procure pas une indemnité. L'assurance convertit en capital les revenus fournis pendant un temps variable. La perte de l'immeuble est un événement fortuit qui détermine la cessation du cours des revenus à fournir et l'exigibilité du capital convenu. La somme due par l'assureur correspond comme échange de valeurs, non pas à l'immeuble détruit, mais aux primes accumulées. » Et plus loin, M. Labbé ajoute très justement : « Dans toutes les hypothèses, l'assurance est un contrat de capitalisation aléatoire ».

Eh bien, c'est ainsi que le contrat d'assurance doit être analysé à l'égard des tiers. Les tiers ne peuvent pas soutenir que le paiement de la somme versée par l'assureur a jamais le caractère d'une indemnité, et répare le préjudice causé par leur faute. L'assuré a toujours le droit de leur répondre que cette somme est payée en vertu d'un contrat d'assurances, et qu'elle est, à ce titre, l'équivalent des primes par lui acquittées [2].

que, au cas où un tableau assuré pour un chiffre élevé dans une police d'assurance contre l'incendie, à raison de son attribution à un maître italien, est estimé par les experts, après le sinistre qui l'a détruit, à une somme très inférieure, par le motif que l'attribution qui en avait été faite à un maître italien est erronée, l'assuré ne peut prétendre à une indemnité supérieure au chiffre fixé par les experts. Nous doutons que les considérations d'ordre public que l'on invoque soient assez fortes pour exiger que les tribunaux consacrent une telle injustice. Voir du reste, les observations présentées par M. Labbé sur cette question, S. 80. 1. 441.

(1) S. 80. 1. 441, sous Cass. req., 19 janv. 1880.

(2) L'article 7 de la loi du 9 avr. 1898 sur les accidents du travail, décide que, indépendamment de l'indemnité forfaitaire qu'il peut réclamer à l'employeur, l'ouvrier peut poursuivre la réparation du préjudice causé contre

En résumé, le principe d'ordre public qui veut que

le tiers auteur de l'accident. L'indemnité qui lui sera ainsi allouée exonère
à due concurrence le chef d'entreprise des obligations mises à sa charge.
Le texte autorise même le chef d'entreprise à exercer cette action, aux lieu
et place de la victime, si celle-ci néglige d'en faire usage. Sur la nature de
cette action, Voir Bordeaux, 11 janv. 1904, *Recueil de documents sur les
accidents du travail,* minist. du Comm., n° 17, p. 52. Dans la pratique,
l'assureur du patron profite du bénéfice de cette action. En effet, ou bien
l'ouvrier, au lieu d'agir contre le chef d'entreprise, poursuit le tiers et le fait
condamner, et dans ce cas, l'assureur se trouve dispensé de payer les indemnités stipulées par la loi du 9 avr. 1898, puisqu'elles cessent d'être dues ; ou
bien, l'ouvrier invoque les dispositions de la loi de 1898 et néglige de demander des dommages-intérêts au tiers. L'assureur use alors de la clause
de subrogation conventionnelle qu'il ne manque pas d'insérer dans la police, et intente l'action que l'article 7 donne au patron. Voir Paris, 24 nov.
1903, S. 1904. 2. 174 ; Paris, 21 janv. 1904, P. F. 1905. 2. 101.

Mais supposons que la clause de subrogation ne soit pas inscrite dans le
contrat. Il y a lieu de se demander si la Compagnie qui a payé à la victime
l'indemnité fixée par la loi de 1898, pourra exercer un recours contre le
tiers, non pas en se fondant sur l'article 1382 du Code civil, mais en invo-
quant à son profit la disposition de l'article 7, ou si, au contraire, c'est le
patron qui aura le droit d'intenter pour son compte personnel l'action que
lui donne cet article. Un arrêt de la Cour de Paris du 21 avr. 1903, *Recueil
de documents sur les accidents du travail,* minist. du Commerce, n° 9, dit
que le fait que le patron s'est assuré ne lui enlève pas le bénéfice de l'article 7 de la loi ; mais, dans l'espèce, on ne sait s'il y avait conflit entre
l'assureur et l'assuré. Voir aussi Rouen, 18 juill. 1903, P. F. 1905. 2. 98.

Pour nous, il nous semble que, dans ce cas particulier, c'est l'assureur qui
doit bénéficier de l'article 7 et exercer à son profit l'action contre le tiers.
En effet, la situation des parties est toute différente de celle qui se présente dans les autres contrats d'assurances. Quand une personne s'est
assurée personnellement soit contre l'incendie, soit contre les accidents, et
qu'un tiers met le feu à la maison, ou cause l'accident, l'assuré subit un préjudice propre, soit dans ses biens, soit dans sa personne, par l'acte du tiers.
Au contraire, dans le cas d'assurance contre le risque professionnel, quand
l'ouvrier est blessé ou tué par la faute d'un tiers, ce n'est pas le patron qui
souffre le dommage, et du moment qu'il est assuré, l'acte du tiers n'entraîne pour lui aucun préjudice. C'est l'assureur qui supporte les conséquences de la faute, puisqu'il a payé l'indemnité prescrite et il convient
que le bénéfice de l'article 7 lui soit réservé. Reste à se demander sur quel
fondement cette action de l'assureur pourrait être basée. Nous croyons que
l'assureur pourrait se prévaloir de la subrogation légale. En effet, il est
tenu de payer aux lieu et place du patron, déclaré responsable par la loi
de 1898 ; il rentre donc dans le cercle d'application de l'article 1251-3°. Un
jugement du tribunal civil de Douai du 3 juin 1902, *Recueil de documents
sur les accidents du trav.,* min. du Comm., n° 7, p. 95, décide que la Compagnie d'assurances est recevable à réclamer au tiers responsable de l'accident le capital constitutif de la rente de l'ouvrier blessé ; mais ce jugement
se fonde simplement sur l'article 1382.

l'assurance de choses reste un contrat d'indemnité, ne doit s'appliquer que dans les rapports de l'assureur et de l'assuré. Il interdit à l'assuré de réclamer à l'assureur une somme supérieure au dommage souffert, mais il ne lui interdit nullement de demander au tiers la réparation de la faute commise.

§ 3.

Il résulte de l'argumentation que nous venons de développer que la théorie du cumul doit s'appliquer dans toutes les assurances sans distinction, qu'il s'agisse d'assurances de choses, telles que l'assurance contre l'incendie, ou d'assurances de personnes, comme les assurances sur la vie ou contre les accidents. Nous nous sommes efforcé de prouver que le contrat passé dans ces différents cas était juridiquement le même et ne pouvait être différemment interprété.

Il faut reconnaître cependant que les décisions récentes qui ont repoussé l'action intentée par les Compagnies contre les tiers, et ont reconnu à l'assuré le droit de cumuler le bénéfice du contrat avec l'indemnité due en réparation du dommage, ont été rendues à l'occasion d'assurances sur la vie ou contre les accidents. Aucune n'a encore appliqué cette solution à l'assurance-incendie (1). La raison en est que toutes les polices-incendie contiennent une clause subrogeant la Compagnie dans tous les droits, recours et actions de l'assuré contre toutes personnes garantes ou responsables du sinistre, de telle sorte que la question n'est jamais soulevée à propos de cette variété d'assurance.

§ 4

Il reste maintenant à nous demander ce que vaut la clause de subrogation conventionnelle (2). Nous avons

---

(1) Plusieurs même de ces décisions font des réserves en ce qui concerne l'assurance contre l'incendie, parce que l'indemnité représente la réparation adéquate du préjudice subi et que l'assuré ne peut pas cumuler le paiement de cette indemnité avec celui des dommages encourus par les tiers. Voir Montpellier, 9 janv. 1905; Paris, 21 mars 1905; Amiens, 4 déc. 1902.

(2) Cette subrogation est de style dans les polices d'assurances contre l'incendie, qui contiennent la clause suivante : « Par le seul fait de la présente

déjà dit qu'en réalité il ne s'agit pas ici de la subrogation qui peut être accordée, en vertu de l'article 1250 du Code civil, au tiers qui paye le créancier en l'acquit du débiteur, mais bien d'une véritable cession des droits de l'assuré contre le tiers.[1].

Quelques tribunaux, se fondant sur cette considération, ont refusé d'accorder effet à la clause subrogatoire parce que, ont-ils dit, la Compagnie n'est pas le tiers prévu par l'article 1250 du Code civil ; en versant des fonds à la victime, elle paye sa propre dette envers son assuré et non la dette d'un tiers [2]. Mais le seul fait que les parties ont donné à leur convention une dénomination inexacte ne saurait en entraîner l'inefficacité ; il faut rechercher avant tout quelle a été leur intention, et faire produire à l'acte tous les effets qu'elles ont voulu y attacher, pourvu que ces effets soient licites, c'est-à-dire n'aient rien de contraire à l'ordre public. Aussi la jurisprudence n'hésite-t-elle pas à reconnaître que la clause de subrogation conventionnelle constitue en réalité une cession de l'action en dommages-intérêts faite par l'assuré à l'assureur [3].

police et sans qu'il soit besoin d'aucune autre cession ou transport, la Compagnie est subrogée dans tous les droits, recours et actions de l'assuré contre toutes personnes garantes ou responsables du sinistre, à quelque titre et pour quelque cause que ce soit, et même contre leurs assureurs s'il y a lieu ». Elle offre, entre autres avantages, celui de permettre à l'assureur d'intenter contre les locataires de l'immeuble incendié l'action que les articles 1733, 1734 du Code civil donnent au propriétaire.

En matière d'assurances de personnes, elle est beaucoup moins fréquente. On ne la trouve pas dans les polices d'assurances sur la vie (V. les conditions générales citées par Dupuich, *op. cit.*, p. 512 et suiv.). Mais elle se rencontre souvent dans les contrats d'assurances contre les accidents. Cons. Paris, 27 mars 1903, P. F., 1904. 2. 129 ; S. 1903. 2. 261 ; Paris, 21 mars 1905, *Le Droit*, 7 juin 1905. En particulier, dans les contrats d'assurances passés par le patron au profit de ses ouvriers pour se couvrir du risque professionnel, la Compagnie se fait subroger en tous les droits et actions du chef d'entreprise contre les auteurs responsables de l'accident, dans les termes de l'article 7 de la loi de 1898. V. ci-dessus, p. 60, note 2.

(1) Voir ci-dessus, p. 39 et 40, note 1 et les décisions qui y sont rapportées.

(2) Trib. comm. Seine, 9 avr. 1903, *Pand. fr.*, 1904. 2. 133 ; *Le Droit*, 20 mai 1903.

(3) V. sur cette question, note D. P. 78. 1. 345, sous Cass., 2 juill. 1878 ; Civ. Cass. 3 févr. et 5 août 1885, D. P. 86. 1. 173.

Cette cession est-elle valable?

Tout d'abord, il convient de remarquer que l'assureur qui se fait céder l'action de l'assuré, sans lui accorder une diminution correspondante de la prime, ne donne rien en retour, car on ne peut pas considérer qu'il y ait corrélation entre le paiement du capital assuré et l'obligation de l'assuré de céder ses droits à l'assureur. Ce capital forme, comme nous l'avons démontré, la contre-partie des primes. La cession a donc lieu, de la part de l'assuré, à titre gratuit, puisqu'il n'en reçoit pas l'équivalent. Mais cela ne suffit pas, quoiqu'on l'ait prétendu, pour annuler la cession, qui peut être faite aussi bien à titre gratuit qu'à titre onéreux (1). Rien ne s'oppose donc, semble-t-il, à la validité de cette cession et la jurisprudence décide que cette stipulation est de tout point licite et doit recevoir son exécution (2).

Pourtant, on ne peut s'empêcher de remarquer que cette cession qui est, en fait, imposée par la Compagnie à l'assuré, arrive à modifier, sans que ce dernier s'en doute, les conditions du contrat, et à le rendre plus onéreux pour lui qu'il ne devrait être. En effet, les obligations contractées par les deux parties trouvent leur équivalent les unes dans les autres : l'aléa qui pèse sur la Compagnie et qui consiste à payer le capital à l'assuré, lorsque survient l'événement prévu, est balancé par la prime que paie l'assuré, puisque cette prime est fixée en prévision de la somme que l'assureur aura à verser. Par conséquent, en exigeant la cession de l'action en dommages-intérêts qui peut naître en la personne de l'assuré, l'assureur détruit l'équilibre du contrat au détriment de l'assuré; il se fait attribuer un avantage

---

(1) Voir les considérants de l'arrêt de Paris du 21 mars 1905, précité.

(2) Cette question a été discutée à propos de l'article 1733 du Code civil. On se demandait si le propriétaire pouvait céder à l'assureur le bénéfice de son recours. De très bonne heure, la jurisprudence a répondu affirmativement et tous les auteurs ont reconnu la validité de la clause subrogatoire, sauf Alauzet (*op. cit.*, t. II, nᵒˢ 480 et suiv.). Cons. civ. rej., 2 déc. 1834, S. 35. 1. 148; Civ. Cass., 13 avr. 1836, S. 36. 1. 273; Civ. Cass., 21 nov. 1840, S. 41. 1. 45 ; *Contrà*, Colmar, 13 janv. 1832, D. P. 32. 2. 208; S. 33. 2. 105. Voir à propos de l'assur.-accidents, l'arrêt de la Cour de Paris du 21 mars 1905, précité.

gratuit par ce dernier. Pour que cette cession fût équitable, il faudrait que l'assureur tînt compte du bénéfice de cette cession à l'assuré, dans la détermination du chiffre de la prime (1).

En pratique, il arrive très souvent que l'assuré n'est même pas consulté sur l'acceptation de cette subrogation, qui figure parmi les dispositions imprimées de la police, dispositions qu'il est censé connaître et accepter en apposant sa signature au bas de la police. En outre, on peut affirmer que même lorsque l'attention de l'assuré est appelée sur cette clause, il ne se rend pas compte du sacrifice purement gratuit que la Compagnie lui demande de consentir. Ainsi, il nous semble que la clause de subrogation conventionnelle détruit en partie, au préjudice de l'assuré et sans que ce dernier s'en aperçoive, le caractère commutatif du contrat d'assurance.

Ceci est d'autant plus grave que, par l'effet de cette subrogation, l'assuré devient garant envers l'assureur de l'existence ou de la conservation de ses droits contre l'auteur du sinistre; il est donc déchu du bénéfice de l'assurance, lorsqu'il s'est mis, par son fait, dans l'impossibilité de subroger l'assureur dans la plénitude des droits dont il avait promis de l'investir (2).

(1) L'arrêt de Colmar du 13 janv. 1832, précité, qui repousse la validité de la cession faite à l'assureur contre l'incendie du droit de recours que l'article 1733 donne au propriétaire contre ses locataires, invoque précisément cette considération : « Attendu qu'il n'a été fait aucune diminution sur les droits usuels d'assurance en indemnité du droit cédé ».

(2) Civ. rej., 15 mars 1876, D. P. 76. 1. 449; Cons. Dalloz, *Suppl. au Répert.*, v° *Assur. terr.*, n° 238. Il conviendrait donc, à notre avis, que le législateur réglementât, dans le projet de loi sur les assurances, les conditions et les effets de cette subrogation.

La clause de subrogation se comprend très bien cependant, quand il s'agit de l'assurance du risque professionnel du chef d'entreprise. Elle est imposée par l'article 7 de la loi du 9 avril 1898, qui décide que le patron peut agir à ses risques et périls contre les tiers responsables de l'accident. En effet, la Compagnie ne garantit le patron que dans la mesure où il est obligé; or, l'article 7 décida que l'indemnité qui peut être obtenue du tiers exonère à due concurrence le chef d'entreprise des obligations mises à sa charge. La subrogation est donc bien conforme, dans ce cas, à l'intention des deux parties. Le patron ne pourrait émettre la prétention de profiter seul du

Nous n'avons pas à étudier ici les effets de cette subrogation ; contentons-nous de dire qu'elle ne confère à l'assureur que les droits de l'assuré contre l'auteur du sinistre. L'assureur ne peut réclamer à ce dernier que la réparation du préjudice causé à l'assuré et non le remboursement de la somme qu'il a payée (1).

Enfin, lorsque la subrogation conventionnelle n'a pas été stipulée dans la police, l'assureur n'a pas le droit de l'exiger de l'assuré. Rien n'oblige l'assuré à se dessaisir de son action au profit de l'assureur (2).

§ 5.

, Le projet de [loi sur les contrats d'assurance sorti des délibérations de la Commission extraparlementaire et déposé sur le bureau de la Chambre des députés, par le Gouvernement, le 12 juill. 1904, contient un article 26 qui tranche d'une façon très simple la question que nous venons d'étudier. « L'assureur qui a payé l'indemnité d'assurance est subrogé de plein droit dans tous les droits et actions de l'assuré contre les tiers qui, par leur fait, ont causé le dommage ayant donné lieu à la responsabilité de l'assureur ».

Cette disposition s'applique à tous les contrats d'assurance, quel qu'en soit l'objet. L'Exposé des motifs la justifie en ces termes : « Il paraît à la fois rationnel et juste d'étendre à toutes les assurances la subrogation légale déjà admise en matière d'assurances maritimes. Cette subrogation, qui sort peut-être quelque peu des limites qui doivent être assignées à la subrogation légale de l'article 1251-3° du Code civil, s'explique par le fait que l'assuré, étant indemnisé par l'assureur, ne doit pas conserver les droits à indemnité qu'il peut avoir contre des tiers : il est juste que tous les droits

---

bénéfice de l'action qu'il intente contre le tiers, puisque, dans ce contrat d'assurance, il stipule non pas à son profit, mais au profit de l'ouvrier et dans la mesure où la loi l'oblige vis-à-vis de cet ouvrier. Voir ci-dessus, p. 60, note 2.

(1) Paris, 27 mars 1903, S. 1903. 2. 261.

(2) Note Wahl, S. 1903. 2. 259, 2ᵉ col. ; Paris, 21 mars 1905, précité.

se rattachant au dommage subi passent à l'assureur dès l'instant où l'assuré a été indemnisé par lui. »

A la différence du nôtre, les projets de loi actuellement à l'étude en Allemagne et en Suisse font une distinction. Ils n'accordent le bénéfice de la subrogation légale qu'à l'assureur de choses, et le refusent, au contraire, en matière d'assurances de personnes, assurance-vie et assurance-accidents [1]. « La subrogation, en effet, dit l'Exposé des motifs du projet suisse, ne peut être basée que sur des *motifs d'équité* et des *considérations d'opportunité*. Ces motifs et ces considérations ne peuvent pas être invoqués dans l'assurance des personnes, qui doit faire abstraction de toute évaluation de la vie humaine et qui ne connaît aucune limite pour la liquidation du dommage. Il en est tout autrement dans *l'assurance des choses. Dans la mesure* où il a été indemnisé par l'assureur, l'assuré ne peut plus réclamer d'indemnité à l'auteur du dommage. Or, il ne paraît pas équitable que l'assurance profite à l'auteur du dommage qui a commis un acte illicite. En accordant le droit de recours à l'as-

---

(1) *Entwurf eines Gesetzes über den Versicherungsvertrag*, § 61, Berlin, 1903, Gutentag. Voir un résumé de ce projet dans les *Annales de droit commercial*, 1904, p. 113. Voir le projet suisse dans le n° du 10 févr. 1904 de la Feuille fédérale suisse, p. 267 et s., notamment p. 337. L'article 63 de ce projet est ainsi conçu : « Dans la mesure où il a fourni une indemnité, l'assureur est subrogé aux droits que l'assuré peut avoir contre des tiers à raison d'actes illicites. L'assuré est responsable de tout acte qui compromettrait ce droit ». Voir un article de comparaison entre ces deux projets de loi par le Dr Rœlli, auteur de l'avant-projet suisse, dans la *Zeitschrift für die gesamte Versicherungswissenschaft*, juillet 1903, notamment p. 359.

Parmi les législations étrangères qui réglementent le contrat d'assurance, quelques-unes, comme la loi belge du 11 juin 1874, art. 22, *Annuaire de législation étrangère*, 1874, p. 420; le Code de commerce hollandais, art. 284, trad. Tripels, p. 354; le Code de commerce italien du 1er janv. 1883, art. 438, trad. Turrel, p. 120; le Code de commerce chilien de 1865, art. 553, trad. Prudhomme, p. 183, accordent à l'assureur le bénéfice de la subrogation légale dans les droits de l'assuré, pour toutes les assurances sans distinction; d'autres, au contraire, n'appliquent cette disposition qu'aux assurances de choses (C. comm. Portugais de 1888, art. 441, trad. Lehr, p. 147; C. comm. espagnol de 1885, art. 413 et 437, trad. Prudhomme), ou aux assurances autres que l'assurance sur la vie, C. comm. hongrois de 1876, art. 483, trad. De la Grasserie, p. 223; C. comm. roumain de 1887, art. 462, trad. Böhl, p. 185.

sureur de choses, on écarte ce dilemne. Sans doute, l'assureur a reçu un plein équivalent dans la prime et cette circonstance empêche d'admettre l'idée que l'assureur ait éprouvé un dommage. Mais, en ce qui concerne l'assurance des choses, cet argument doit céder devant la considération qu'en excluant le droit de recours, on compromettrait l'opération d'assurance sous le rapport du droit privé et du droit public ».

Ainsi, les projets de loi suisse et allemand écartent la subrogation légale en matière d'assurances de personnes, parce que dans ces assurances, le caractère indemnitaire du contrat disparaît complètement, à cause de l'inestimabilité de la vie humaine. Le capital stipulé par l'assuré ne peut pas être considéré comme l'équivalent de la valeur de la vie ou de la capacité de travail de l'assuré.

Au contraire, ils accordent la subrogation légale à l'assureur de choses, parce que « il ne paraît pas équitable que l'assurance profite à l'auteur du dommage qui a commis un acte illicite », et que le seul moyen d'éviter ce résultat est d'accorder un recours à l'assureur. L'Exposé des motifs du projet de loi français donne une raison analogue : « L'assuré, étant indemnisé par l'assureur, ne doit pas conserver les droits à indemnité qu'il peut avoir contre des tiers ; il est juste que tous les droits se rattachant au dommage subi passent à l'assureur dès l'instant où l'assuré a été indemnisé par lui ».

Nous avons montré dans les pages précédentes que ce raisonnement est inexact, et il est inutile de refaire cette démonstration. Si l'assurance de choses est un contrat d'indemnité, ce caractère n'existe que dans les rapports de l'assureur et de l'assuré, il ne peut pas être invoqué par les tiers, en particulier par l'auteur du dommage. C'est détourner cette règle de son véritable but que de l'appliquer aux rapports de l'assuré et des tiers. L'action en réparation qui appartient à l'assuré contre le coupable est absolument indépendante du contrat d'assurance, et ne saurait être modifiée par lui. D'une part, le tiers ne peut pas exciper de ce contrat pour repousser l'action en dommages-intérêts intentée contre lui. D'autre part, on ne peut pas invoquer contre l'assuré le principe que l'assurance de choses ne doit pas être une source de bénéfice, car il répondra que ce principe est respecté du moment que l'indemnité versée par la Compagnie est limitée au dommage éprouvé.

Il faut ajouter que cette subrogation légale est contraire à l'intention de l'assuré, qui n'entend pas, au moment où il fait le contrat d'assurance, céder à l'assureur les actions qui pourront naître à son profit contre les tiers responsables du sinistre, puisque l'obligation de payer les primes à la Compagnie constitue l'équivalent de l'obligation que contracte celle-ci de payer, en cas de sinistre, une indemnité représentant la valeur de l'objet assuré ou sa détérioration.

Enfin, nous avons montré que l'assureur ne supporte aucun dommage par le fait de l'acte du tiers, précisément parce qu'il trouve dans le paiement des primes la contrepartie de l'indemnité qu'il doit verser.

Ainsi, accorder à l'assureur le bénéfice de la subrogation légale, c'est lui faire un avantage purement gratuit, au détriment de l'assuré.

L'Exposé des motifs du projet suisse reconnaît que ces considérations sont fondées; pourtant il maintient la subrogation légale au profit de l'assureur de choses, parce que, dit-il, en excluant le droit de recours « on compromettrait l'opération d'assurance sous le rapport du droit privé et du droit public ». Il est facile de montrer que cette dernière observation, un peu énigmatique dans la forme, ne contient aucun nouvel argument en faveur de la subrogation. L'auteur du projet veut, sans doute, dire par là : ou le tiers, ne pouvant pas être poursuivi par l'assuré, échappera aux conséquences de sa responsabilité, ou il pourra être poursuivi par l'assuré, mais alors le principe que l'assurance est un contrat d'indemnité sera violé. Nous venons de prouver que cette double proposition est inexacte, et que le principe invoqué ne s'oppose pas à ce que l'assuré réclame des dommages-intérêts au tiers.

En résumé, nous croyons que le législateur devrait refu-

ser le bénéfice de la subrogation légale à l'assureur, quel
que soit l'objet du contrat (1).

On pourrait objecter encore qu'il n'y a pas d'intérêt à re-
fuser à l'assureur le bénéfice de la subrogation légale, parce
que celui-ci peut toujours stipuler dans le contrat la subrogation, ou, pour mieux dire, se faire céder les droits et actions
qui pourront naître au profit de l'assuré contre les tiers.
Mais nous ferons remarquer que les clauses de subrogation,
qui sont de style dans les assurances contre l'incendie, ne
se rencontrent jamais, en pratique, dans les assurances sur
la vie, et qu'elles ne figurent pas toujours dans les assurances contre les accidents. Or, rien ne prouve que les
compagnies changent leurs habitudes. D'autre part, nous
croyons que le projet de loi sur les contrats d'assurances
devrait réglementer l'usage de ces clauses, et exiger que
l'assureur, au profit duquel la subrogation est stipulée dans
la police, tînt compte à l'assuré, par une réduction de la
prime, du bénéfice qu'il peut retirer de ce recours.

HENRI CAPITANT.

(1) Pourtant, il y a une hypothèse dans laquelle la subrogation légale est
justifiée, parce qu'elle correspond au but même de l'opération et à l'intention des parties, c'est le cas de l'assurance que contracte le patron, pour se
couvrir du risque professionnel que fait peser sur lui la loi du 9 avr. 1898.
Voir ci-dessus, p. 60, note 2, les raisons que nous avons données.